NATIONAL GEOGRAPHIC

Peldaños

Aventura
en el bosque
tropical

Bienvenido al bosque tropical

por Julia Osborne

¿Dónde se puede encontrar la mayor diversidad de seres vivos? Si estás pensando en el bosque tropical, tienes razón.

Para visitar un bosque tropical, deberás viajar hacia el ecuador. Allí el estado del tiempo es principalmente cálido. También es húmedo. Caen al menos 250 cm (100 pulgadas) de lluvia por año.

El bosque tropical más grande del mundo crece alrededor del río Amazonas en Sudamérica. Millones de diferentes tipos de plantas y animales viven en el bosque tropical. Los científicos han descubierto a muchas de ellas, pero faltan muchas por descubrir.

ecuador

El bosque tropical del Amazonas es el bosque tropical más grande de la Tierra.

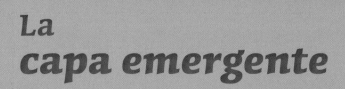

La capa emergente

Las plantas de los bosques tropicales crecen en cuatro capas diferentes. La capa más alta se llama **capa emergente.** Los árboles altos emergen o se elevan sobre el resto del bosque. Algunos de ellos crecen tan alto como edificios de 15 pisos.

Los árboles en la capa emergente reciben la mayor parte de la luz solar. Aquí, el estado del tiempo es caluroso y ventoso, y la lluvia torrencial y los relámpagos son comunes.

La arpía es un ave feroz. Anida en los árboles más altos. Atrapa y come monos grandes.

La mariposa morfo azul suele volar sobre las copas de los árboles.

El tucán pechiblanco tiene un pico enorme. Su pico lo ayuda a comer frutos, insectos e incluso lagartijas.

Qué puedes hacer

Aunque vivas lejos, puedes ayudar a salvar los bosques tropicales.

- Usa menos papel, así se talan menos árboles. Recicla el papel que uses.

- Compra productos del bosque tropical que se hayan cosechado de manera sustentable.

- No compres mascotas que se capturen en los bosques tropicales.

- Comparte lo que sepas sobre los bosques tropicales con otras personas. Anímalos a ayudar a salvar los bosques tropicales.

Compruébalo ¿De qué manera son importantes los bosques tropicales para las personas de todo el mundo?

Comenta

1. ¿Cómo te ayudó la información de "Bienvenido al bosque tropical" a comprender las otras dos lecturas del libro?

2. Compara la capa de dosel de un bosque tropical con el suelo del bosque. ¿En qué se parecen y en qué se diferencian?

3. Piensa en el bosque tropical de noche. ¿Cómo pueden los animales encontrar alimentos en la oscuridad? Da algunos ejemplos.

4. Explica qué le sucederá a los animales del bosque tropical si se talan los árboles.

5. ¿Qué te sigues preguntando sobre los bosques tropicales? ¿Cuáles serían algunas buenas maneras de saber más?

El dosel

Debajo de la capa emergente está el **dosel** o techo del bosque. Las ramas y las hojas se amontonan. Las hojas usan la energía de la luz solar para producir el alimento que consume el árbol.

Muchos animales se comen las hojas de los árboles, los frutos dulces y las semillas. Otros animales se alimentan de los animales que comen plantas. Muchos animales del dosel nunca bajan al suelo.

El dosel es la capa más concurrida del bosque tropical. ¡Qué alboroto! Los loros chillan y graznan. Los tucanes gañen y graznan. Las ranas trinan y se asoman. Las abejas zumban y las alas de los escarabajos brillantes chasquean y zumban.

Los animales más comunes en el dosel son los insectos, y los insectos más comunes son los escarabajos. ¡Un científico encontró más de 900 tipos de escarabajos en un solo árbol!

Un mono aullador rojo abre bien la boca para RUGIR. El mono suena intimidante. Pero come principalmente hojas y frutos.

Este perezoso de tres dedos se mueve muy l-e-n-t-o. Algas verdes en su cabeza ayudan al perezoso a mimetizarse con las hojas.

Algunos escarabajos del Amazonas

Escarabajo tortuga

Escarabajo rinoceronte

Escarabajo joya

Gorgojo rhinastus

El sotobosque

Debajo del dosel está el **sotobosque,** una capa de árboles pequeños y arbustos altos. El dosel denso bloquea la luz solar, por lo tanto, el sotobosque es oscuro. Muchas plantas del sotobosque tienen hojas enormes. Estas hojas ayudan a las plantas a capturar la pequeña cantidad de luz solar que pasa a través del dosel.

¡Cuidado! Animales peligrosos se esconden en las sombras. Hormigas que muerden y escorpiones que pican se esconden en la corteza de los árboles. Las arañas tejen pegajosas redes para atrapar insectos o incluso aves pequeñas. Poderosos jaguares esperan en las ramas, listos para saltar sobre los animales que pasan.

Una boa esmeralda se prepara para atacar un ave o un ratón.

El tití pigmeo lame la savia dulce que brota de los árboles.

Las ranas dardo venenoso tienen un veneno poderoso en su piel. El veneno se ha usado para fabricar flechas.

Cadena alimenticia del bosque tropical

Las diferentes capas del bosque tropical se relacionan a través de las **cadenas alimenticias.** Una cadena alimenticia muestra cómo pasa la energía de un tipo de ser vivo a otro.

El nogal de Brasil obtiene su energía de la luz solar. Usa esa energía para producir sus semillas: las nueces de Brasil.

El agutí obtiene su energía comiendo nueces de Brasil. Es el único animal que puede roer la cápsula que recubre las nueces de Brasil.

El jaguar obtiene su energía al comer a animales más pequeños, como los agutíes.

La anaconda verde es la serpiente más pesada del mundo. Envuelve a su presa con su cuerpo. Luego la aprieta hasta que su presa no puede respirar.

El suelo del bosque

¿Trajiste una linterna? Puede estar muy oscuro en el suelo del bosque. Solo unos cuantos arbustos, helechos y hierbas crecen aquí. El suelo está cubierto con hojas muertas, frutos y semillas que caen del dosel. Las hormigas, las termitas, las cucarachas y las lombrices se arrastran y se esconden en el suelo del bosque. Los hongos y las bacterias ayudan a descomponer las hojas muertas.

¡Sorpresa! El suelo del bosque tropical no es muy fértil. Las plantas muertas y los animales se descomponen rápidamente. Las raíces de los árboles absorben los nutrientes de la materia en descomposición. Pocos nutrientes quedan en el delgado suelo.

El tapir brasileño menea su hocico para olfatear alimentos. Solo los tapires jóvenes tienen rayas.

La tarántula, que come aves, puede ser tan grande como un plato.

La rana cabeza de casco abre su gran boca. Luego muerde a un enemigo.

Compruébalo ¿Cuáles son las cuatro capas del bosque tropical? Menciona un animal de cada capa.

9

Tim Laman:
UNA NOCHE EN EL BOSQUE TROPICAL

por Julia Osborne

Es de noche en la isla de Borneo. La mayoría de la gente se prepara para cenar. Tim Laman se dirige al bosque tropical.

¿Por qué ir de noche? ¡En ese momento se despiertan muchos animales! Tim explica: "De noche abunda la vida en el bosque tropical tanto como cuando es de día, pero con un elenco de personajes totalmente diferente".

Los animales como los murciélagos, los búhos y las polillas se esconden durante el día, y comienzan a moverse cuando se oculta el sol. Son **nocturnos** o activos de noche.

A Tim le tomó muchos meses fotografiar a los animales de este relato. Con frecuencia se quedaba despierto toda la noche. "Pasé a ser nocturno por semanas y me quedaba en el bosque hasta que aparecían los primeros rayos del sol", dice.

Borneo es una enorme isla en el océano Pacífico cerca del Sudeste Asiático.

TIM LAMAN es fotógrafo y biólogo de campo. Estudia la vida silvestre en lugares como bosques tropicales y arrecifes de coral. Ha ganado muchos premios por sus fotografías. Espera que sus fotos inspiren a las personas a salvar los bosques tropicales y otros lugares naturales.

Posado en un árbol alto, Tim se prepara para tomar fotos de noche.

Así describe Tim una de sus aventuras:

"Durante dos semanas trepaba a 37 metros (120 pies) de altura en un árbol, y me escondía en una cortina con la esperanza de obtener una toma de una ardilla voladora gigante que saliera de su nido. Una noche quedé atrapado ahí arriba cuando se largó una tormenta repentina... Era completamente de noche. El árbol se balanceaba. Mi corazón latía con cada trueno. Y estaba empapado".

¿Qué criatura es esa que vuela por el aire? ¿Es un ave? ¡Un murciélago? No, ¡es un GECO VOLADOR!

Planear por el bosque

Fue un desafío tomar fotos de los animales de Borneo que planean. Los animales que planean no tienen alas, por lo tanto, no pueden volar realmente. Se elevan por el aire de árbol en árbol. Encuentran frutos y otros tipos de alimentos en los árboles.

Borneo tiene más tipos de animales que planean que cualquier otro lugar de la Tierra. Los planeadores generalmente viven en la copa de los árboles, por lo tanto, nadie les había tomado fotos en acción. Algunos creían que era imposible.

A veces, Tim trepaba hasta el **dosel** con sus cámaras y otros equipos. El dosel es una capa de hojas muy por encima del suelo del bosque. Allí, Tim construyó un escondite llamado cortina. Luego, tuvo que esperar hasta que un planeador pasara suficientemente cerca para capturarlo en una foto. Con frecuencia Tim esperaba por horas.

Las ranas voladoras de Wallace viven en el dosel. Vienen al suelo del bosque a poner sus huevos. Tim tomó esta foto cuando una planeaba hacia el suelo. "Fue emocionante ver algo que pocos han visto antes. Capturarlo en película fue realmente un punto culminante".

Ilumina la noche

¿Cómo se siente estar en el bosque tropical de noche?
Tim explica: "Ya sea que esté caminando por un sendero
o trepando de noche por un árbol *Dipterocarpaceae*, la
noche tiene muchas sorpresas... En una noche nublada sin
luna, apago mi linterna y me paro entre los altos árboles
de la tierra baja del bosque de Borneo. Al comienzo
parece oscuro como la cueva más profunda. Pero
a medida que mis ojos se adaptan, veo que el
bosque tiene luz propia".

¡Flash! Un fulgomorfo queda
capturado en una foto nocturna.
¡La "cola" larga de este insecto es
realmente excremento! El fulgomorfo se
alimenta de jugos de plantas. Luego libera
hebras cerosas largas de desechos.

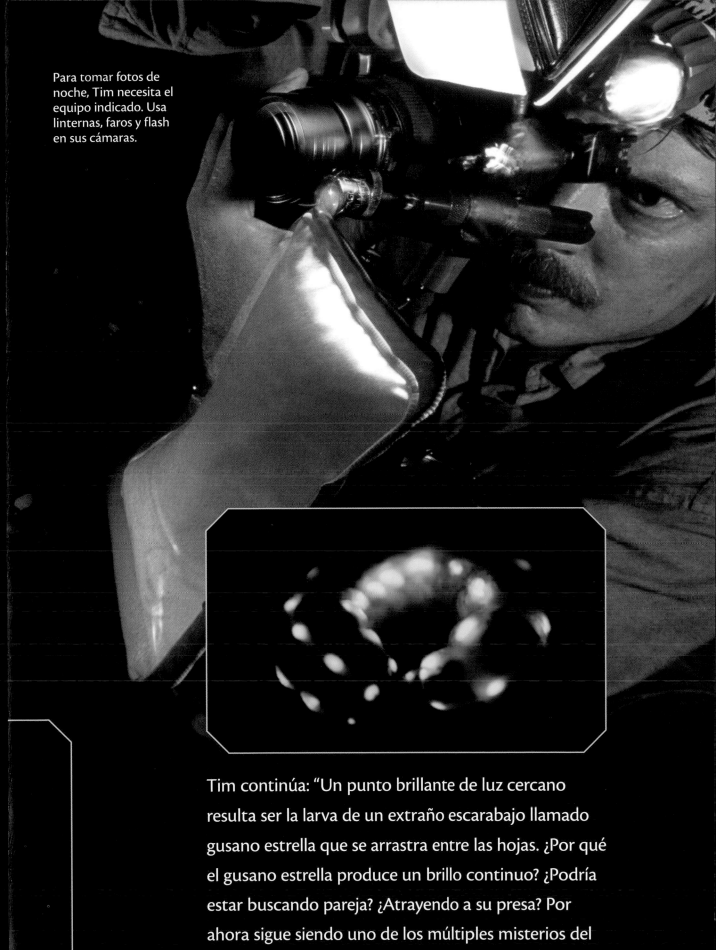

Para tomar fotos de noche, Tim necesita el equipo indicado. Usa linternas, faros y flash en sus cámaras.

Tim continúa: "Un punto brillante de luz cercano resulta ser la larva de un extraño escarabajo llamado gusano estrella que se arrastra entre las hojas. ¿Por qué el gusano estrella produce un brillo continuo? ¿Podría estar buscando pareja? ¿Atrayendo a su presa? Por ahora sigue siendo uno de los múltiples misterios del bosque tropical de noche".

Tim usa una luz brillante para ver a una lagartija que trepa por una rama.

Súper sentidos

¿Cómo sobreviven los animales en la oscuridad? Usan sus sentidos de la vista, el oído, el tacto y el olfato. "Ojalá mis sentidos estuvieran a la altura de estas criaturas nocturnas", dice Tim.

"Una noche, cuando entraba en el bosque, olí un perfume embriagador que salía de una flor que se abría para atraer a polillas pequeñas. Como muchas plantas de florecimiento nocturno, esta orquídea tiene flores pálidas que son fáciles de ver con poca luz".

Esta criatura de ojos saltones es un tarsero. Vive en Sulawesi, una isla grande cerca de Borneo. Los tarseros usan sus enormes ojos, oídos agudos y un delicado sentido del tacto para hallar alimento, como esta cucaracha. ¡Qué delicia!

A medida que se termina la noche, los animales nocturnos comienzan a buscar lugares de descanso seguros. Algunos se esconden en los agujeros oscuros de los árboles. Otros se arrastran dentro de las grietas de las cortezas. Ocultos y a salvo, los animales nocturnos esperan que regrese la oscuridad.

Es hora de que Tim duerma. Se apresura para llegar a casa y escucha el llamado de las aves que dan la bienvenida al amanecer. ¡Los animales diurnos se están despertando!

Compruébalo ¿Cómo hace Tim para tomar fotos de los animales de noche? ¿Qué equipo usa?

Salvar el bosque tropical

por Julia Osborne

¿Por qué alguien destruiría un bosque tropical?

Algunos talan árboles y hacen espacio para los cultivos y el ganado. Otros talan árboles para vender la madera o fabricar papel. Y otros quieren construir caminos y casas.

Los bosques tropicales de la Tierra están en peligro. Más de la mitad se han talado o quemado. A los científicos les preocupa que si continúa la tala de árboles, ¡los bosques tropicales podrían desaparecer en 100 años!

Es importante salvar nuestros bosques tropicales. Son valiosos para la vida silvestre, para nosotros y para el medio ambiente. Su belleza se disfruta alrededor del mundo.

Millones de plantas y animales viven en los bosques tropicales. Cuando se talan los bosques, no hay lugar para que vivan sus criaturas. Pueden **extinguirse** o no existir más en la Tierra.

Cuando se talan árboles, no hay raíces para mantener el suelo en su lugar. El viento y la lluvia lo erosionan. Los árboles ya no pueden crecer en la tierra yerma. El agua corre rápidamente cuesta abajo. Las inundaciones destruyen granjas y aldeas.

Productos que necesitamos

¿Te gustan las bananas, el chocolate y los mangos? Estos alimentos provienen de plantas del bosque tropical.

Los habitantes de los bosques tropicales dependen de ellos como alimento, ropa y refugio. Pero los bosques tropicales también brindan alimentos y otros productos importantes a personas de todo el mundo.

Las plantas de los bosques tropicales se usan para hacer muchos tipos de medicamentos. Estos medicamentos ayudan a combatir enfermedades.

Productos del bosque tropical

Frutas tropicales como las bananas, las guayabas, los mangos, las papayas y el maracuyá

 **Maderas** como la balsa, la caoba y la teca

 **Nueces** como las nueces de Brasil, los anacardos, la nuez de kola y las macadamias

 **Hule y fibras** como el bambú, el ramio y el junco

 **Condimentos** como la canela, el café, el chocolate, el jengibre, la nuez moscada y la vainilla

 **Medicamentos** que se usan para tratar enfermedades como la artritis, el cáncer, la diabetes, enfermedades cardíacas y la malaria

El canasto de este hombre está lleno de cápsulas de nueces de Brasil. Recolectarlas no le hizo daño al bosque.

Este sello significa que un producto se ha cosechado de manera sustentable.

Muchos productos se pueden cosechar de los bosques tropicales. La **cosecha sustentable** es segura para la vida silvestre, las personas y el medio ambiente.

Las nueces de Brasil se cosechan de modo sustentable. Los nativos las recolectan del piso del bosque y las venden. Esto preserva a los árboles y ayuda a ganar dinero.

Parques en bosques tropicales

Los bosques tropicales son ASOMBROSOS. ¡No es de extrañar que tantas personas quieran visitarlos! Algunos países apartan zonas de los bosques tropicales como parques. Los turistas pueden ver la vida silvestre sin dañar ningún árbol. Algunos turistas pagan para quedarse en un bosque tropical. Su dinero se usa para apoyar a los habitantes locales y proteger el bosque.

Trabajar juntos

Debemos trabajar juntos para salvar los bosques tropicales del mundo. Esto protegerá a miles de plantas y animales, y evitará que se extingan. También nos ayudará a obtener alimento, medicamentos y otros productos que provienen de los bosques.

Si salvamos nuestros bosques tropicales en la actualidad, se podrá disfrutar de estos maravillosos lugares en los siglos venideros.